ひょうげんを よみとる ①

日

てん／ごうかく 35てん

●よんで こたえましょう。

①どんよりと した 空《そら》を 見上《みあ》げながら、あきらくんは いいました。

「雨《あめ》が ふって きそう。さとしくん、そとで あそぶ？」

すると、さとしくんは、②にっこり わらって いいました。

「ねえ、見て 見て。ながぐつ、かって もらったんだ。」

そう いうと、③ぴかぴかの ながぐつを はいて、そとへ とび出《だ》して いきました。

(1) ——①は、どんな 天気《てんき》ですか。（20てん）

ア 雨　イ くもり　ウ はれ

［　　］

(2) ——②は、どんな 気もちですか。（15てん）

ア うれしい　イ さみしい　ウ くやしい

［　　］

(3) ——③は、どんな ようすですか。（15てん）

ア あかるい　イ ふるい　ウ あたらしい

［　　］

こたえは91ページ ☞

やってみよう

シール

✿ つぎの　えを　見《み》て、正《ただ》しい　ものを　えらぼう。

①

［とけえ・とけい］

②

［こおり・こうり］

③

［ぼおし・ぼうし］

④

［ねずみ・ねづみ］

⑤

［ひつぢ・ひつじ］

②・③は、のばす　音《おと》に　気《き》を　つけよう。

こたえは91ページ ☞

ひょうげんを よみとる ②

シール

月　日

とくてん

てん／ごうかく35てん

● よんで こたえましょう。

どうぶつ村《むら》の うんどうかいも いよいよ さいご。とら・くま・ぶた・さるの 四《よん》ひきと ぞうの つなひきです。

四ひきは、力《ちから》を あわせて つなを ひきます。でも、ぞうは、①びくとも しません。四ひきは、ぞうには ②かなわないと おもいました。ぞうは、ぐいぐいと つなを ひっぱって いきます。そして、らくらく、ぞうが かちました。

(1) ─①は、どんな ようすですか。(15てん)

ぞうが、［　　］ようす。

(2) ─②は、どんな 気《き》もちですか。(20てん)

ア まけないぞ
イ がんばろう
ウ かてないな

［　　］

(3) 力づよく つなを ひく ようすを あらわす ことばを かきましょう。(15てん)

［　　］

こたえは91ページ☞

やってみよう

シール

✿ つぎの □に　あう　ほうの　ことばを　かこう。

① □（わ・は）たしの　いもうと□（わ・は）、五《ご》さいです。

② □（お・を）にいさんは、学校《がっこう》□（え・へ）　いきました。

③ つく□（え・へ）の　上《うえ》に　本《ほん》□（お・を）　おきました。

④ ぼく□（わ・は）、かお□（お・を）　あらいました。

⑤ おとうとは、こう□（え・へ）ん□（え・へ）　いきました。

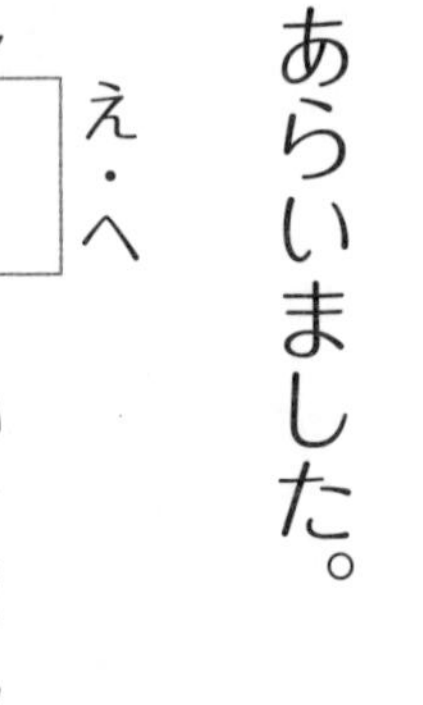

こたえは91ページ ☞

LESSON 3

ばめんを よみとる①

シール

月　日

とくてん　　てん　ごうかく《ごうかく》40てん

●よんで こたえましょう。

六月《ろくがつ》の 雨《あめ》ふりの 日《ひ》。かたつむりくんは あじさいの 下《した》で かえるくんに あいました。

「かたつむりくん、なんだか かなしそうだね。どう したの。」

「ぼくね、虫《むし》の おともだちが いないんだ。それが、かなしくて……。」

そこで、かえるくんは いいました。

「じゃあ、はれた 日に、おそとに 出《で》て みなよ。」

(1) かたつむりくんは、だれと あいましたか。(10てん)

［　　　　］

(2) いつ あいましたか。(20てん)

［　　　　］

(3) どこで あいましたか。(10てん)

［　　　　］

(4) かえるくんは、なぜ ――と いったのですか。(10てん)

ア あたたかいから。

イ 虫に あえるから。

ウ あじさいの 花《はな》が 見《み》える から。

［　　　　］

こたえは91ページ

やってみよう

シール

✿ つぎの　なかまの　ことばを　下《した》から　えらんで、――で　つなごう。

① かぞく　・　　・　ア　赤《あか》・青《あお》・白《しろ》・くろ

② 天《てん》気《き》　・　　・　イ　はさみ・えんぴつ・けしゴム

③ いろ　・　　・　ウ　はる・なつ・あき

④ きせつ　・　　・　エ　ちち・はは・あに

⑤ 文《ぶん》ぼうぐ　・　　・　オ　はれ・くもり・雨《あめ》

こたえは91ページ

ばめんを　よみとる ②

●よんで　こたえましょう。

①はまべの　いわかげに　かにの おや子《こ》が　すんで　います。

なつの　よく　はれた　日《ひ》の ことです。かにの　おや子が　すなはまを　さんぽして　いると、②白《しろ》くて　大《おお》きな　ものを　見《み》つけました。

「だれかの　おうちかな。おーい、だれか　いますか。」

でも、だれも　へんじを　しません。それは、人《にん》げんの　子が　おとした　ぼうしでした。

(1) ――①に　すんで　いるのは　だれですか。（10てん）

［　　　　］

(2) さんぽに　いったのは、いつですか。（20てん）

［　　　　］

(3) ――②を　見つけたのは、どこですか。（10てん）

［　　　　］

(4) ――②は、なんでしたか。（10てん）

ア　おうち　イ　ぼうし　ウ　てぶくろ

［　　　　］

こたえは91ページ

やってみよう

シール

✿ つぎの　ものを　まとめて　よぶ　ことばを　かこう。

① トマト・なす・だいこん 「　　」

② りんご・みかん・バナナ 「　　」

③ ひこうき・でん車《しゃ》・バス 「　　」

④ ぞう・きりん・うさぎ 「　　」

⑤ ピアノ・ギター・たいこ 「　　」

こたえは91ページ ☞

はなしの　すじ ①

シール

月　日

とくてん

てん／ごうかく40てん

●よんで　こたえましょう。

たん生日《じょうび》の　あさ、ねこさんに手《て》がみが　とどきました。

『わたしの　おうちに　きて　ください。』と、かかれて　います。

でも、名《な》まえが　ありません。

こまった　ねこさんは、おともだちの　いえを　一《いっ》けんずつたずねて　みる　ことに　しました。

はじめは、くまさんの　いえへ。

でも、るすのようです。

「じゃあ、つぎは　ぶたさんのいえに　いって　みよう。」

(1)ねこさんに　いつ、なにが　とどきましたか。(20てん)一《ひと》つ10

いつ　［　　］

なにが　［　　］

(2)ねこさんは、はじめに　どこへ　いきましたか。(10てん)

［　　］

(3)ねこさんは、つぎに　どこへ　いこうと　おもいましたか。(20てん)

ア　くまさんの　いえ

イ　ぶたさんの　いえ

ウ　ねこさんの　いえ

［　　］

こたえは91ページ

やってみよう

シール

✿ つぎの えを 見《み》て、[　]に 入《はい》る ことばを、□から 一《ひと》つずつ えらんで かこう。

①

[　　　] いちご,
おいしいね。

②

[　　　] かさが
わたしのかな。

③

[　　　] お月《つき》さま,
きれいだね。

④

[　　　] くま,
かわいいね。

この　その　あの　どの

こたえは91ページ

はなしの　すじ②

シール　　月　日　とくてん　　てん　ごうかく40てん

● よんで　こたえましょう。

「おうちに　かえりたいよう。」木《き》の　下《した》で　①まいごの　小《こ》とりが　ないて　います。②さるの　もんたは、おうちを　さがして　あげる　ことに　しました。

まず、ものしりな　ふくろうの　ところへ　いきました。

「ふくろうさん、この　子《こ》の　おうち　しらない？」

「かもめの　子だね。③うみへ　いって　みると　いいよ。」

かもめたちを　よく　うみの　そばで　見《み》かけて　いたからです。

---

(1) ①は、どこで　ないて　いましたか。(10てん)

「　　　　」

(2) ①は、なにの　子でしたか。(10てん)

「　　　　」

(3) ②は、はじめに　だれの　ところへ　いきましたか。(20てん)

「　　　　」

(4) なぜ　ふくろうは　③のように　いったのですか。(10てん)

「　　　　」

こたえは91ページ

やってみよう

シール

✿ つぎの ——の かん字《じ》の よみかたを かっこう。

① 六じに おきる。
［　　］

② きょうは 八月《はちがつ》八日だ。
［　　］

③ 名まえを かく。
［　　］

④ お月さまを 見《み》る。
［　　］

⑤ 三日ぼうず。
［　　］

⑥ こうえんの ふん水。
［　　］

こたえは91ページ ☞

わだいを　よみとる ①

シール

月　日

とくてん

てん／ごうかく40てん

● よんで　こたえましょう。

あやとりは、むかしから　つたわる　あそびです。

わに　した　ひもを　ゆびに　ひっかけ、さまざまな　かたちを　つくって　あそびます。たとえば、「ほうき」や「四《よん》だんばしご」などの　かたちが、ゆうめいです。

あやとりは　一人《ひとり》で　たのしむ　ことも、ともだちと　じゅんばんに　とりあって　あそぶ　ことも　できます。

(1) あやとりは、いつから　つたわる　あそびですか。（10てん）

［　　　　］った　わる　あそび。

(2) ここで　かかれて　いる　あやとりで　つくれる　かたちを　二《ふた》つ　かきましょう。（20てん）一《ひと》つ10

［　　　　］［　　　　］

(3) この　文《ぶん》しょうの　わだいを　えらびましょう。（20てん）

ア　あそび　イ　ほうき

ウ　あやとり

［　　　　］

こたえは92ページ

やってみよう

シール

✱ つぎの□に かん字《じ》を かこう。

① □《かわ》で □《こ》□《いし》を ひろう。

② □《て》で □《つち》を ほる。

③ □《おお》きな □《くち》を あけて うたう。

④ □《あお》い □《そら》を 見《み》上《あ》げる。

こたえは92ページ ☞

わだいを　よみとる ②

シール

月　日

とくてん

てん　ごうかく 40てん

● よんで　こたえましょう。

　きりかぶには、わのような　もようが　あります。これを　年《ねん》りんと　いいます。
　この　わのような　もようは、一年《いちねん》に　一本《いっぽん》ずつ　ふえて　いきます。その　ため、年りんの　かずを　かぞえれば、その　木《き》の　年れいが　わかるのです。
　木が　大《おお》きく　そだつには　ながい　年月《ねんげつ》が　ひつようです。木を　つかう　ときは、大《たい》せつにしなくては　いけませんね。

(1) ――は、なんですか。（10てん）

［　　　　］

(2) ――は、どのように　ふえて　いきますか。（10てん）

［　　　　］

(3) ――を　かぞえると、なにが　わかりますか。（10てん）

［　　　　］

(4) この　文《ぶん》しょうの　わだいを　えらびましょう。（20てん）

ア 年りん　イ しょくぶつ　ウ きりかぶ

［　　　　］

こたえは92ページ ☞

やってみよう

シール

✿ つぎの□に かん字《じ》を かこう。

① □《いぬ》を □《ご》ひき かって いる。

② よ空《ぞら》に □□《はなび》が □《あ》がる。

③ □□《せんせい》に さく □《ぶん》を 出《だ》す。

④ □《あめ》の □《おと》が きこえる。

こたえは92ページ ☞

LESSON 9

せつめいの じゅんじょ ①

シール　月　日　とくてん　てん／ごうかく30てん

●よんで　こたえましょう。

かくれんぼの　あそびかたを　せつめいします。

まず、おにを　きめます。つぎに、おにが「10」かぞえる　あいだ、ほかの　人《ひと》は、かくれる　ばしょを　さがして、そこに　かくれます。

つぎに、おにが「もう　いいかい？」と　きき、「もう　いいよ。」と　へんじが　あったら、かくれて　いる　人を　さがします。おにが　ぜんいん　見《み》つけたら、おしまいです。

(1) なんの　せつめいを　して　いますか。（20てん）

［　　　　］

(2) (1)に　ついて　じゅんに　ならべましょう。（30てん）

ア　おには「10」かぞえ、ほかの　人は　かくれる。

イ　おにが　ぜんいん　見つけたら　おわり。

ウ　おにが　かくれて　いる　人を　さがす。

エ　おにを　きめる。

［　↓　↓　↓　］

こたえは92ページ

やってみよう

シール

＊つぎの　えが　あらわす　ことばを、ひらがなで　こたえよう。

①

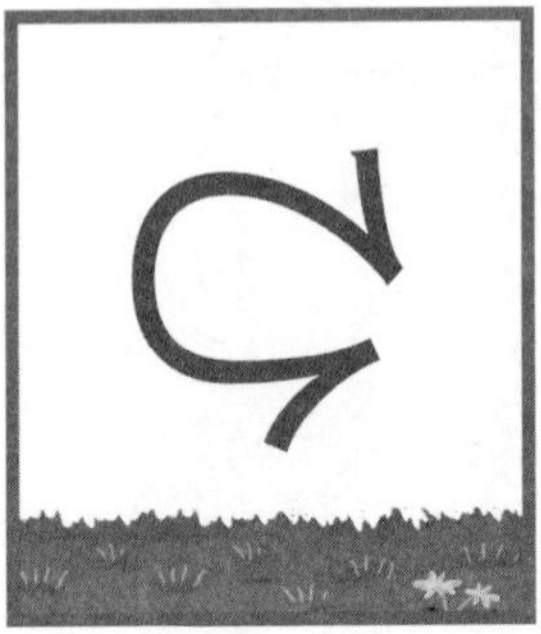

［　　　　］

②

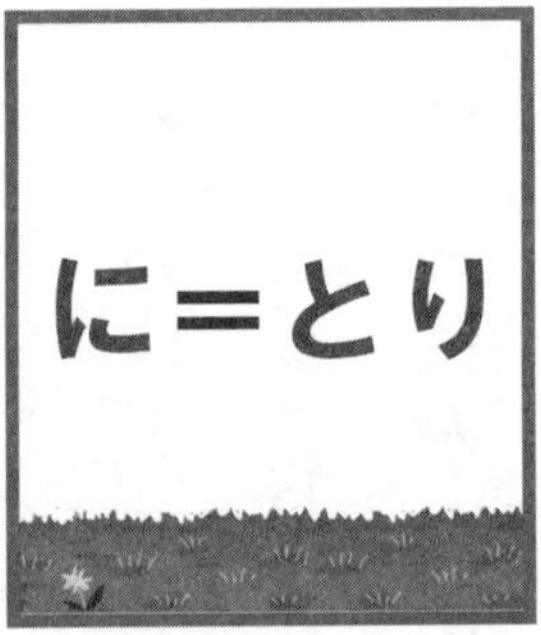

［　　　　］

③

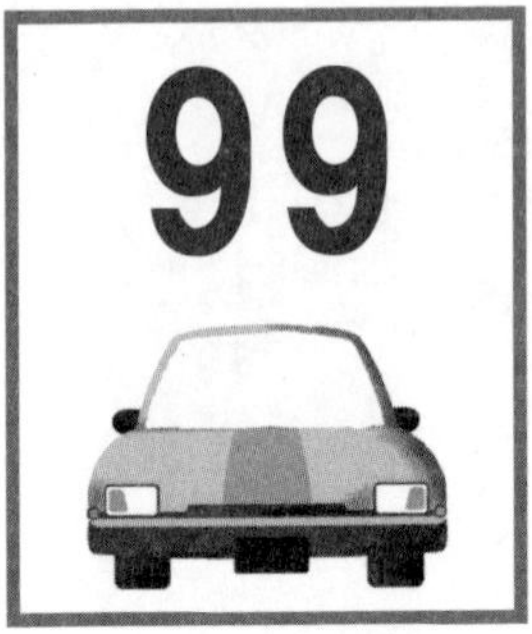

［　　　　］

④

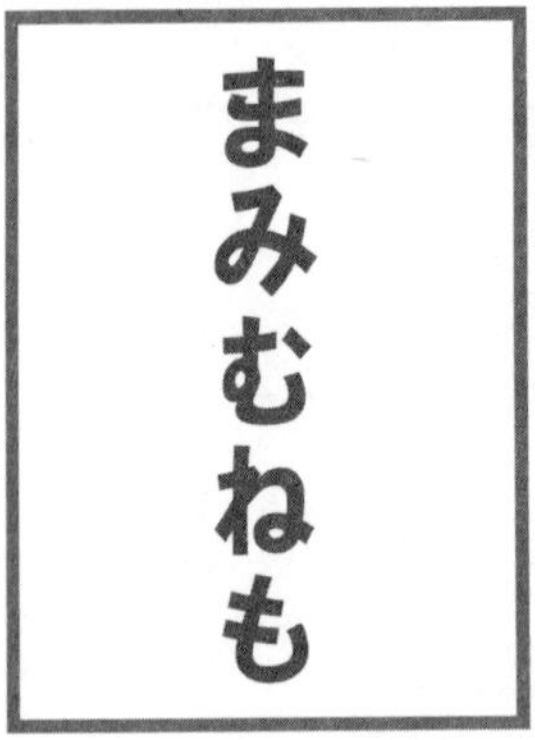

［　　　　］

こたえは92ページ

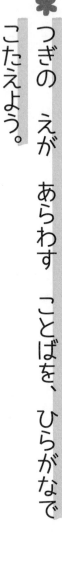

LESSON 10

せつめいの じゅんじょ ②

シール

月　日

とくてん

てん／ごうかく40てん

●よんで こたえましょう。

どんぐりは、木《き》のみです。

どんぐりを うえて、ふゆの あいだ 水《みず》を やりましょう。

はるに なると、どんぐりは 先《さき》の ほうから めを 出《だ》します。

つぎに、めから はを 出し、のびて いきます。そして、はの かずを どんどん ふやして いくのです。

こう して、どんぐりは 十年《じゅうねん》で りっぱな 木に そだちます。

(1) どんぐりは、なんですか。（10てん）

［　　　］

(2) どんぐりの そだつ じゅんに ならべましょう。（30てん）

ア めを 出す。

イ はの かずを どんどん ふやす。

ウ めから はを 出す。

［　］→［　］→［　］

(3) どんぐりは、十年で なにに そだちますか。（10てん）

［　　　］

こたえは92ページ ☞

やってみよう

シール

＊下《した》の あいさつの ことばを ひらがなで かいて、クロスワードを かんせいさせよう。

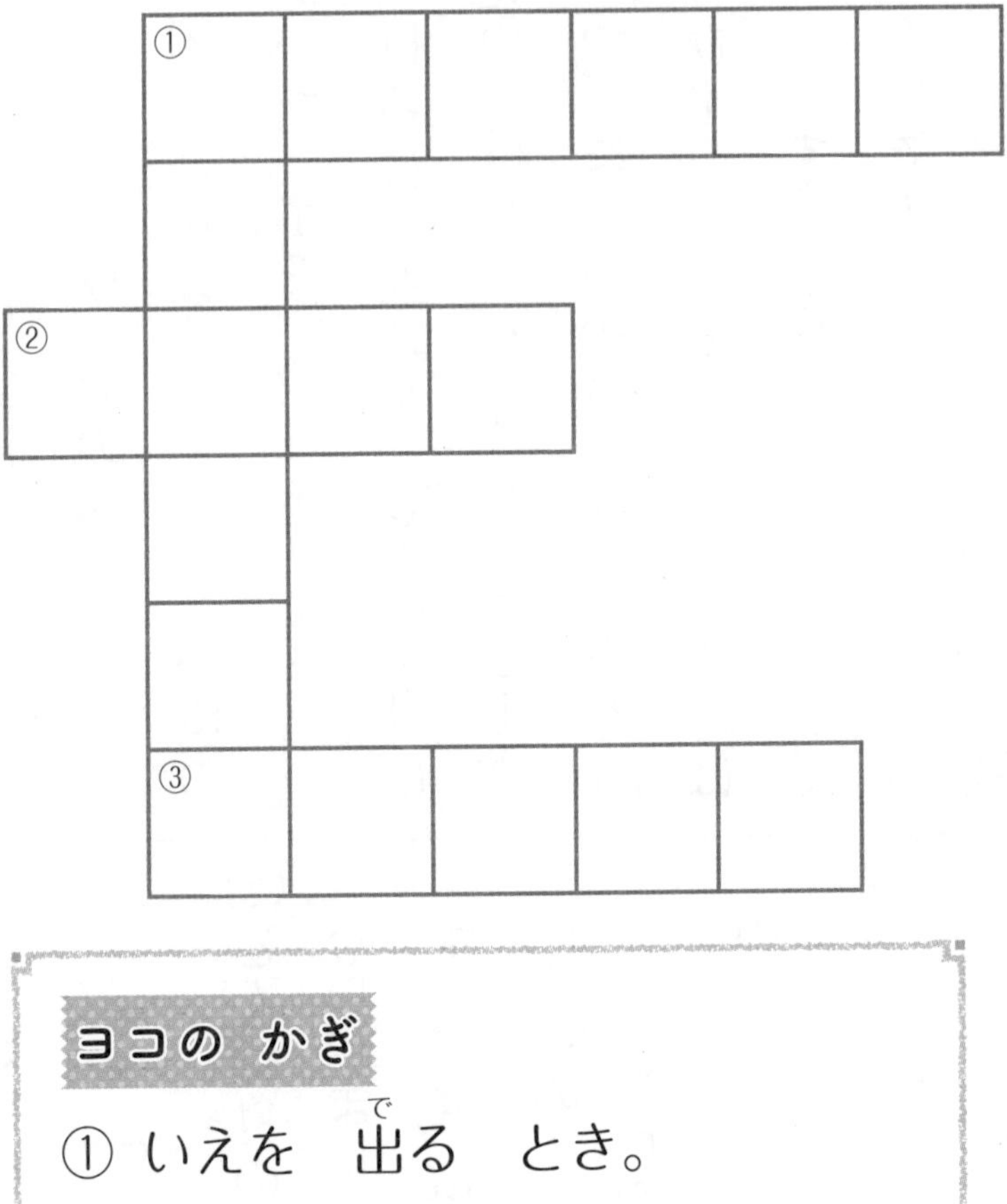

ヨコの かぎ

① いえを 出《で》る とき。
② いえに かえって きた とき。
③ あやまる とき。

タテの かぎ

① ごはんを たべる まえ。

こたえは92ページ

まとめテスト ①

シール

月　日

とくてん

てん／ごうかく40てん

● よんで　こたえましょう。

ゆうくんは、おかあさんに　おつかいを　たのまれました。

「ゆうびんきょくで　はがきを　一《いち》まいと、やおやさんで　トマトを　二《ふた》つ、おねがいね。」

さいしょに　①ゆうびんきょくへ　いって、ゆうくんは、一まいの　はがきを　かいました。

②やおやさんに　いく　と中《ちゅう》、おまわりさんに　あいました。

「こんにちは。」

げん気《き》に　あいさつを　しました。

(1) ゆうくんは、だれに　おつかいを　たのまれましたか。（10てん）

［　　　　］

(2) ゆうくんは、さいしょに　どこへ　いきましたか。（10てん）

［　　　　］

(3) ―①で、ゆうくんは　なにを　かいましたか。（20てん）

［　　　　］

(4) ―②で、ゆうくんは　だれに　あいましたか。（10てん）

［　　　　］

こたえは92ページ

やってみよう

シール

✱ つぎの　えを　見《み》て、上《うえ》の　ことばと　下《した》の　ことばを　——で　つなごう。

①  女《おんな》の子《こ》が　本《ほん》を　・　　・ア　たべる

②  赤《あか》ちゃんが　・　　・イ　とぶ

③  はちが　・　　・ウ　ほえる

④  パンダが　・　　・エ　よむ

⑤  ライオンが　・　　・オ　わらう

こたえは92ページ ☞

まとめテスト ②

シール

月　日

とくてん

てん／ごうかく40てん

●よんで　こたえましょう。

かえるは、ふゆの　あいだ　土《つち》の　中《なか》で　じっと　ねむって　います。これを　とうみんと　いいます。

かえるは、とうみんする　まえに、えさを　たくさん　たべます。からだの　中に　えいようを　ためて　おく　ためです。

やがて、さむく　なると　土の　中に　もぐります。そして、あたたかい　はるが　くるまで　ねむるのです。

(1) かえるは、いつ　とうみんしますか。(10てん)

［　　　　］

(2) かえるの　とうみんに　ついて、じゅんに　ならべましょう。(30てん)

ア　はるまで　ねむる。
イ　土の　中に　もぐる。
ウ　えさを　たべる。

［　→　→　］

(3) この　文《ぶん》しょうは、なにに　ついて　かかれて　いますか。(10てん)

かえるの［　　　　］について。

こたえは92ページ☞

やってみよう

シール

つぎの えを 見《み》て、「　」に 入《はい》る ことばを □ から えらんで かこう。

① 
あさがおが 「　　　」。

② 
ねこが 「　　　」。

③ 
さかなが 「　　　」。

④ 
ほしが 「　　　」。

⑤ 
女《おんな》の 人《ひと》が 「　　　」。

およぐ　うたう　ひかる　ねる　さく

こたえは92ページ

気《き》もちを　よみとる①

シール

月　日

とくてん

てん／ごうかく40てん

●よんで　こたえましょう。

「あっ！」

　ふでばこを　ひらいた　あきらは、①どきっと　しました。けしゴムを　わすれた　ことに　気《き》がついたからです。

「かして　あげる。」

　となりの　せきの　えりちゃんが、けしゴムを　さしだして、②かして　くれました。

「③ありがとう。」

　あきらは、とても　うれしい気もちに　なりました。

(1)　――①の　あきらは、どんな　気もちでしたか。(10てん)
ア　よかった　イ　こわいな
ウ　どう　しよう
［　　］

(2)　――②と　ありますが、だれがなにを　かして　くれましたか。(20てん)一《ひと》つ10
だれが［　　］
なにを［　　］

(3)　――③の　あきらは　どんな　気もちですか。(20てん)
［　　］気もち。

こたえは92ページ

やってみよう

シール

つぎの　えを　見《み》て、上《うえ》の　ことばと　下《した》の　ことばを　――で　つなごう。

①  こおりは ・　　・ア　まるい

②  ケーキは ・　　・イ　大《おお》きい

③  ぞうは ・　　・ウ　つめたい

④  ボールは ・　　・エ　くろい

⑤  からすは ・　　・オ　あまい

こたえは92ページ

気《き》もちを　よみとる ②

シール

月　日

とくてん

てん／ごうかく35てん

● よんで　こたえましょう。

「あさがおさん、どうして　めを　出《だ》さないのかな。」

まみさんは、花《か》だんを　見《み》ながら、①ためいきを　つきます。

②つぎの　日《ひ》も　まみさんが　見にいくと、めは　出《で》て　いません。ますます　がっかりしました。

でも、よく　見ると、土《つち》が　すこし　もり上《あ》がって　います。

「あっ！　めが　出てる！」

まみさんは、③おもわず　大《おお》きな　こえで　いいました。

(1) ——①の　ときの　まみさんは　どんな　気《き》もちでしたか。(15てん)

ア　すごいな　イ　かわいいな　ウ　しんぱいだな

［　　］

(2) ——②の　ときの　まみさんは　どんな　気もちでしたか。(20てん)

［　　］した　気もち。

(3) ——③の　まみさんは　どんな　気もちですか。(15てん)

ア　うれしい　イ　かなしい　ウ　たのしい

［　　］

こたえは92ページ

やってみよう

シール

✱ つぎの　えを　見《み》て、上《うえ》の　ことばと　下《した》の　ことばを　——で　つなごう。（おなじ　ものは　二《に》かい　つかえません。）

① 
よるの　まちは　・　　・ア　げん気《き》だ

② 
さくらは　・　　・イ　しずかだ

③ 
はるかぜが　・　　・ウ　すきだ

④ 
おとうとは　・　　・エ　きれいだ

⑤ 
どうぶつが　・　　・オ　さわやかだ

こたえは92ページ

気《き》もちを　よみとる ③

シール　月　日　とくてん　てん　ごうかく35てん

●よんで　こたえましょう。

「もう　とどくかな？」

　きょうは、ゆいちゃんの　いえに、まちに　まった　ピアノが　とどく　日《ひ》です。ゆいちゃんは、あさから　ずっと　①そわそわして　います。

　ピンポーン。

　ゆいちゃんは、大《おお》あわてで　②げんかんに　むかいました。

「いま、あけまーす。」

　ゆいちゃんは、③ しながら、ドアを　あけました。

(1) ——①の　とき、ゆいちゃんは　どんな　気《き》もちですか。（20てん）

ア　なつかしい
イ　うらやましい
ウ　まちどおしい

［　　］

(2) ——②の　とき、ゆいちゃんは　どんな　ようすでしたか。（15てん）

［　　］な　ようす。

(3) ③ に　入《はい》る　ことばを　えらびましょう。（15てん）

ア　どきどき　　イ　はきはき
ウ　しくしく

［　　］

こたえは93ページ

シール

やってみよう

✽ つぎの　文《ぶん》を　よんで、あう　ほうの　ことばを　えらぼう。

① 雨《あめ》が　ふりだした。{ア だから / イ でも}　かさを　さした。

② ねつが　出《で》た。{ア だから / イ すると}　学校《がっこう》を　休《やす》んだ。

③ 早《はや》く　ねた。{ア そこで / イ でも}　ねぼうした。

④ かなしかった。{ア そこで / イ しかし}　なかなかった。

⑤ 雨が　やんだ。{ア しかし / イ すると}　にじが　出た。

こたえは93ページ ☞

気《き》もちを　よみとる ④

シール

月　日

とくてん　　てん／ごうかく35てん

● よんで　こたえましょう。

「おばあちゃんが　そだてた　トマト　たべるかい？」
①「えっ……。」
トマトが　にがてな　けんたは、へんじに　こまりました。でも、②おばあちゃんを　かなしませたく　ありません。

けんたは、おもいきって　トマトを　たべました。

「あれ？　おいしい。」

けんたは、③びっくりしました。

(1) ——①の　とき、けんたは　どんな　気《き》もちですか。（15てん）
ア　こまったな
イ　うれしいな
ウ　おいしそう
［　　］

(2) ——②と　おもった　けんたは、どう　しましたか。（15てん）
［　　　　　　　　］

(3) ——③で、けんたが　びっくりしたのは　なぜですか。（20てん）一《ひと》つ10
［　　　　］トマトが
［　　　　］から。

こたえは93ページ

やってみよう

シール

✿つぎの ――の かん字《じ》の よみかたを かこう。

①［　　］
入学しき。

②［　　］
ねん土で あそぶ。

③［　　］
七五三を いわう。

④［　　］
九つの りんご。

⑤［　　］
円い つくえ。

⑥［　　］
お金を はらう。

こたえは93ページ ☞

りゆうを　おさえる①

シール　月　日　とくてん　てん　ごうかく40てん

● よんで　こたえましょう。

カンガルーの　おかあさんの　おなかには、赤《あか》ちゃんを　そだてる　ための　①ふくろが　あります。ふくろの　中《なか》には、おっぱいが　あります。

②生《う》まれたばかりの　カンガルーの　赤ちゃんは、小《こ》ゆびの　先《さき》ほどしか　ありません。その　ため、小《ちい》さな　赤ちゃんが　大《おお》きく　なるまで、おかあさんが　ふくろの　中で　大《たい》せつに　そだてるのです。

(1) ——①を　もつ　どうぶつは、なんですか。（10てん）

［　　　　］

(2) ——①は、なんの　ために　あるのですか。（20てん）

［　　　　］ため。

(3) ——①の　中には、なにが　ありますか。（10てん）

［　　　　］

(4) ——②の　大きさは　どのくらいですか。（10てん）

［　　　　］

こたえは93ページ

やってみよう

シール

つぎの　□に　かん字《じ》を　かこう。

① □□《てんき》の　よい　□□《いちにち》。

② あさ　□《はや》く　□《め》が　さめる。

③ □《やま》の　□《うえ》に　さく　花《はな》。

④ □《ちから》もちの　□《おとこ》の　人《ひと》。

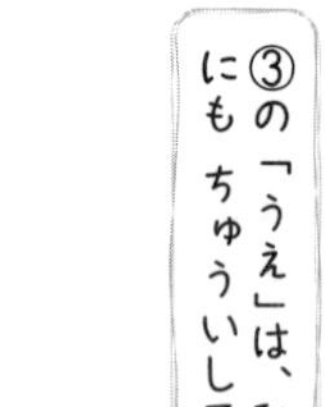
③の「うえ」は、ひつじゅん
にも　ちゅういして　かこう。

こたえは93ページ

りゆうを　おさえる②

シール

月　日

とくてん

てん　ごうかく40てん

●よんで　こたえましょう。

どうぶつは　じぶんの　①みを　まもる　ために、いろいろな　ことを　します。

ねこは　けんかの　とき　せなかを　まるめて、けを　さかだてます。

［②］、ふぐは　ほかの　さかなに　たべられそうに　なると　おなかを　大《おお》きく　ふくらませます。

どちらも　じぶんの　からだを　大きく　見《み》せて、あい手《て》を　おどろかせるのです。

(1) ――①と　ありますが、それを　二《ふた》つ　かきましょう。（20てん）一《ひと》つ10

「　　」

「　　」

(2) (1)のように　するのは　なぜですか。（15てん）一つ5

「　　」を「　　」見せて、あい手を「　　」ため。

(3) ［②］に　入《はい》る　ことばを　えらびましょう。（15てん）

ア　つまり　イ　すると　ウ　また

「　　」

こたえは93ページ

やってみよう

シール

✿ つぎの□に かん字《じ》を かこう。

① □《しろ》い □《くるま》に のる。

② □《ほん》を □《なな》さつ かりる。

③ □《みぎ》と □《ひだり》を たしかめる。

④ やさしい □《おんな》の □《こ》。

③「みぎ」と「ひだり」は、ひつじゅんにも ちゅうい して かこう。

こたえは93ページ

りゆうを　おさえる③

シール

月　日

とくてん

てん　ごうかく40てん

●よんで　こたえましょう。

二月三日《にがつみっか》は、せつぶんの　日《ひ》です。せつぶんには、「おには　そと　ふくは　うち」と　いって、まめまきを　します。

むかしの　人《ひと》は、びょう気《き》な　どの　わざわいは、おにの　しわざだと　かんがえて　いました。また、まめには、おにを　おいはらう　力《ちから》が　あると　しんじて　いました。それで、せつぶんの　日に　まめを　まいたのです。

(1) 二月三日は、なんの　日ですか。（10てん）

［　　　　］

(2) 二月三日には、なにを　しますか。（10てん）

［　　　　］

(3) ——を　むかしの　人は、なんの　しわざだと　かんがえて　いましたか。（10てん）

［　　　　］

(4) まめを　まくのは、なぜですか。（20てん）一《ひと》つ10

［　　　　］を［　　　　］ため。

こたえは93ページ

やってみよう

シール

つぎの　えが　あらわす　ことばを、ひらがなで　こたえよう。

①

[　　　　]

②

[　　　　]

③

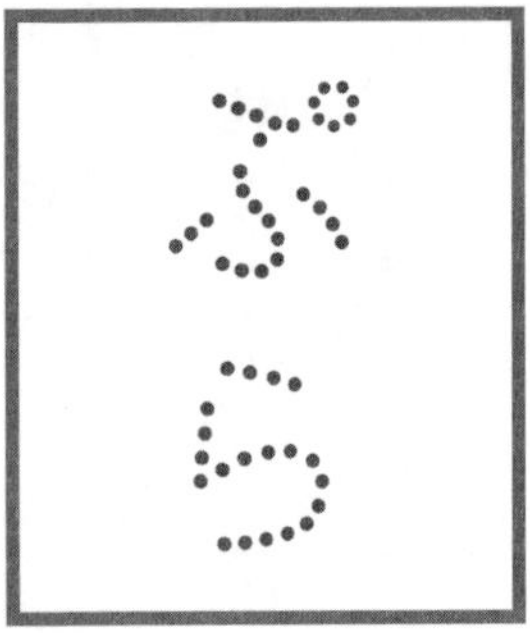

[　　　　]

④

[　　　　]

こたえは93ページ

りゆうを　おさえる ④

シール

月　日

とくてん　てん／ごうかく40てん

●よんで　こたえましょう。

かえるが　なくのは　おすだけで、めすは　なきません。なぜ、かえるの　おすは　なくのでしょうか。

かえるの　おすが　なくのは、けっこんする　あい手《て》の　めすを　よびよせる　ためです。

かえるの　おすは、のどに　なきぶくろを　もって　います。この　ふくろの　中《なか》に　空気《くうき》を　たくさん　すいこみ、ふるわせて　音《おと》を　出《だ》すのです。

(1) かえるの　おすは、どこに　なにを　もって　いますか。（10てん）一《ひと》つ5

どこに　［　　］

なにを　［　　］

(2) かえるの　おすが　なくのは、なぜですか。（20てん）一つ10

［　　］を　［　　］ため。

(3) かえるの　おすは　どのようにして　なきますか。（20てん）一つ10

なきぶくろの　中に　［　　］を　たくさん　［　　］、ふるわせて　なく。

こたえは93ページ ☞

やってみよう

シール

下《した》の　えの　ものの　かずと　かぞえかたを　ひらがなで　かいて、クロスワードを　かんせいさせよう。

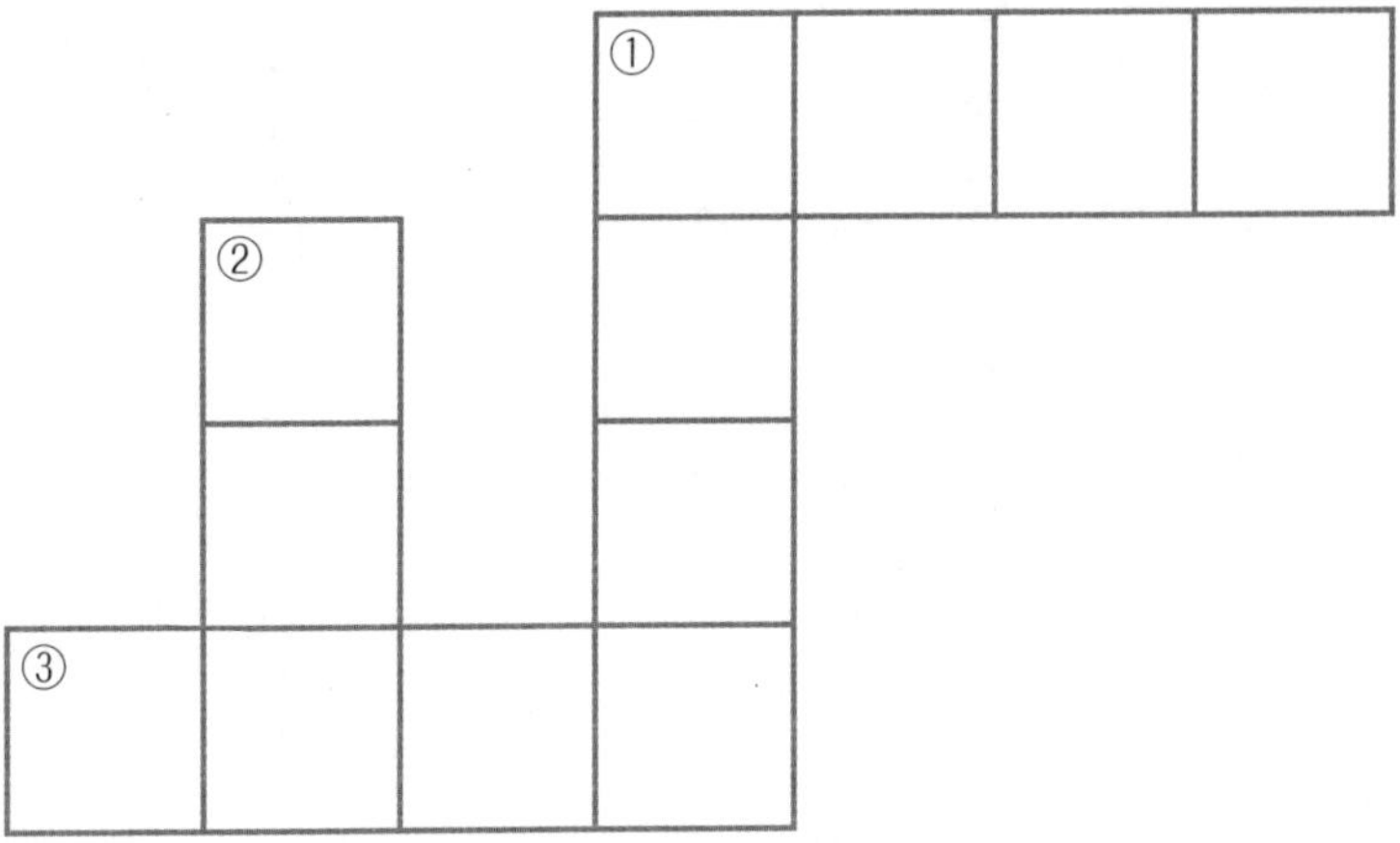

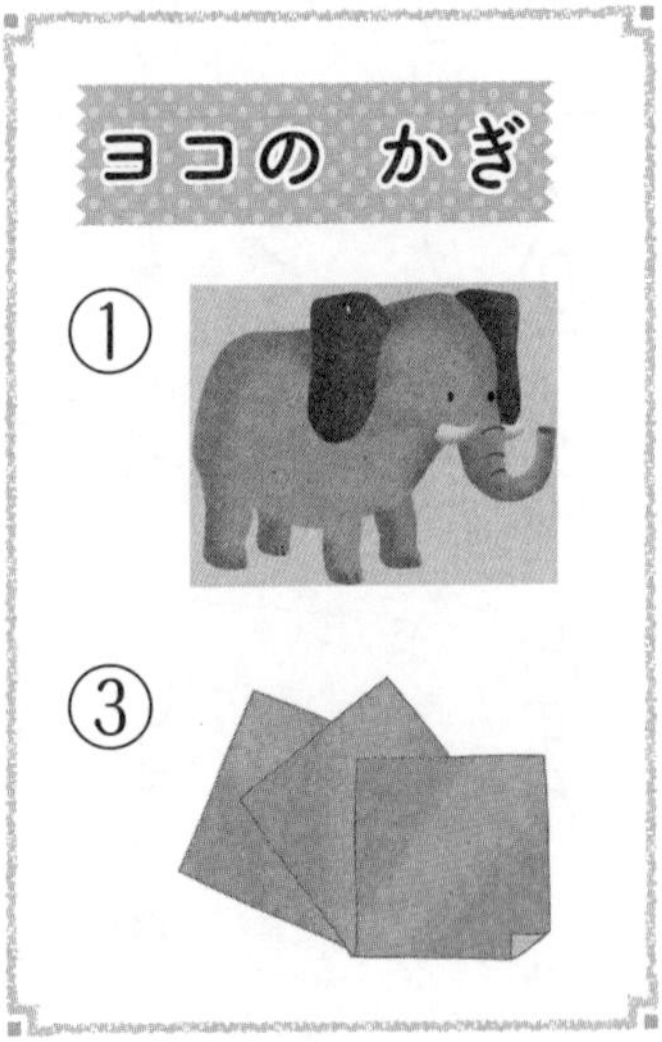

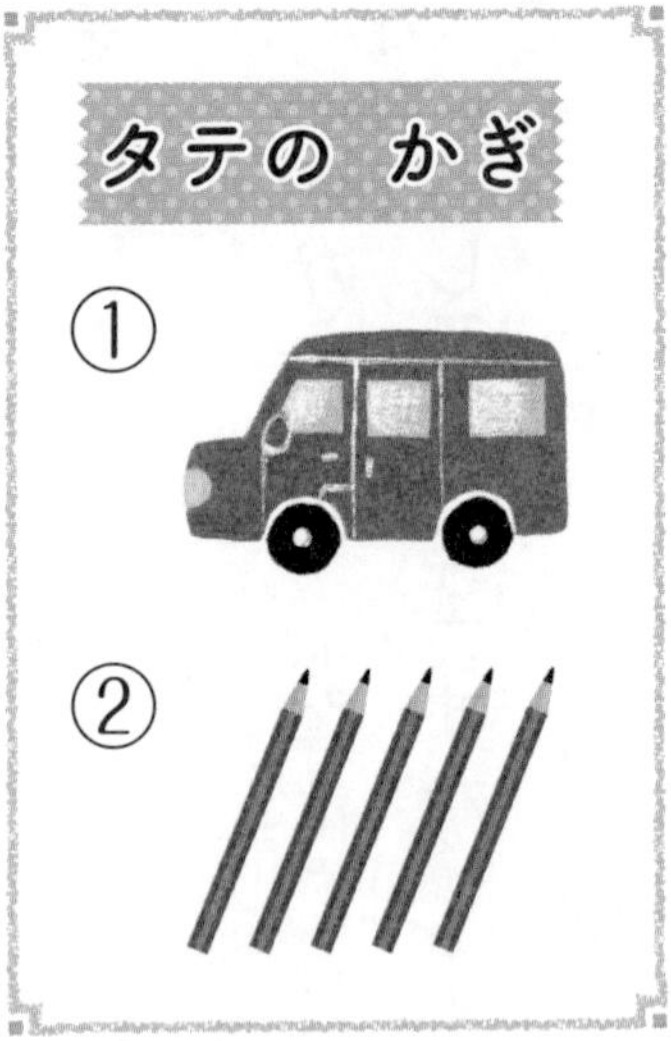

こたえは93ページ

まとめテスト ③

シール

月　日

とくてん

てん／ごうかく 40てん

●よんで　こたえましょう。

①ゴロゴロ。とおくで　かみなりの　音《おと》が　します。

「おにいちゃん、こわいよ。」

みきは、いまにも　なきそうです。

②「だいじょうぶだよ。」

こうたは、みきを　あんしんさせたくて、こわいのを　がまんして　いいました。

「ただいま。」

③おかあさんの　こえです。こうたは　ほっと　しました。

(1)　①は、なんの　音ですか。（10てん）

［　　　］

(2)　②の　とき、こうたは　本《ほん》とうは　どんな　気《き》もちでしたか。（20てん）

ア　うれしい　イ　こわい　ウ　たのしい

［　　　］

(3)　③を　きいた　こうたは、どんな　気もちでしたか。（20てん）

［　　　］した　気もち。

こたえは93ページ

やってみよう

シール

上《うえ》の えに あう 音《おと》を 下《した》から えらんで、――で つなごう。

① 

② 

③ 

④ 

⑤ 

ア ドンドン

イ ゴホゴホ

ウ ケロケロ

エ ザアザア

オ ワンワン

①と ②は どんな なきごえ かな？

こたえは93ページ

まとめテスト④

シール

月　日

とくてん　　てん／ごうかく40てん

●よんで　こたえましょう。

なつの　のうさぎの　けは、ちゃいろです。そして、ふゆに　なると、白《しろ》く　かわります。

①のうさぎの　けの　いろが　かわるのは、てきの　目《め》から　のがれる　ためです。ふゆは　白い　けの　のうさぎは、ゆきに　まぎれて、②てきに　見《み》つかりにくく　なります。

はんたいに　なつは、ちゃいろの　ほうが　土《つち》に　まぎれて　目《め》立《だ》たないのです。

(1)　①は、なつと　ふゆは、どんな　いろに　なりますか。（20てん）一《ひと》つ10

なつ［　　　］

ふゆ［　　　］

(2)　①が　かわるのは、なぜですか。（15てん）

［　　　］ため。

(3)　②のように　なるのは、なぜですか。（15てん）

白い　けの　のうさぎは、［　　　］から。

こたえは93ページ

やってみよう

シール

つぎの「　」に 入《はい》る ことばを、□から えらんで かこう。

①こまが「　」まわる。

②さかなが「　」およぐ。

③赤《あか》ちゃんが「　」ねむる。

④ほしが「　」ひかる。

⑤かぜが「　」ふく。

すやすや
きらきら
そよそよ
すいすい
くるくる

こたえは93ページ

ものがたり ①

シール

月　日

とくてん

てん／ごうかく40てん

●よんで　こたえましょう。

「おとうさん、①おほしさまを　つかまえたよ。」

小川《おがわ》から　かえって　きた　くまの　子《こ》は、だいじそうに　なにかを　もって　います。

「ほら。見《み》て、見て。」

それは、ほたるでした。ほたるは、手《て》の　中《なか》で　ぴかぴかと　ひかって　います。

「②わあ。」

くまの　子は、うっとりと　ほたるを　見つめました。

(1) くまの　子は、どこから　かえって　きましたか。(10てん)

［　　　　］

(2) ——①を　どのように　もって　いましたか。(10てん)

［　　　　］　もって　いた。

(3) ——①は、なんでしたか。(10てん)

［　　　　］

(4) ——②の　くまの　子は、どんな　気《き》もちですか。(20てん)

ア　こわいな　イ　きれいだな

ウ　ふしぎだな

［　　　　］

こたえは94ページ

やってみよう

シール

✱つぎの 文《ぶん》を よんで、あう ほうの ことばを えらぼう。

① おふろに { ア ゆっくり / イ ばったり } 入《はい》る。

② 月《つき》が { ア さっぱり / イ はっきり } 見《み》える。

③ おゆを { ア たっぷり / イ うっとり } わかす。

④ 雨《あめ》が { ア はげしく / イ まぶしく } ふって いる。

⑤ りんごが 木《き》に { ア どっさり / イ しっとり } みのる。

⑤は、木に りんごが たくさん なる ようすを あらわす ことばを えらぼう。

こたえは94ページ

し ①

シール

月　日

とくてん

てん／ごうかく35てん

● よんで　こたえましょう。

いない　いない　ばあ

［①］だよ
げんきな　つくしちゃんが
②いない　いない　ばあ

［①］だね
おっとり　ふきのとうさんが
いない　いない　ばあ

もう　［①］？
ねむそうな　③かえるくんも
いない　いない　ばあ

(1) ［①］には、おなじ　きせつが　入《はい》ります。二字《にじ》で　かきましょう。（15てん）

［　］

(2) ——②は、どんな　ようすを　あらわして　いますか。（20てん）

ア　わらって　いる　ようす。
イ　かおを　出《だ》す　ようす。
ウ　かくれて　いる　ようす。

［　］

(3) ——③は、どんな　ようすですか。（15てん）

［　］ようす。

こたえは94ページ ☞

やってみよう

シール

✿ つぎの 文《ぶん》を よんで、あう ほうの ことばを えらぼう。

① べんきょうを {ア きっと / イ もっと} がんばりたい。

② きょうは、{ア とても / イ いつも} さむい。

③ おかしを {ア ちょっと / イ ぐんと} たべる。

④ かん字《じ》を {ア ぐっすり / イ しっかり} おぼえよう。

⑤ つぎは {ア いよいよ / イ どんどん} ぼくの 出《で》ばんだ。

こたえは94ページ ☞

せつめい文《ぶん》 ①

シール

月　日

とくてん

てん　ごうかく40てん

●よんで　こたえましょう。

うみの　水《みず》を　なめると、とても　しょっぱいですね。うみの　水が　しょっぱいのは、水の　中《なか》に　しおが　とけて　いるからです。

日本《にほん》では　むかしから　うみの　水を　つかって、しおを　つくって　きました。うみの　水を　土《つち》に　まいて、これを　たいようの　ひかりで　かわかします。さいごに、できた　しおを　あつめます。これが　しおを　つくる　ほうほうです。

(1) うみの　水が　しょっぱいのは、なぜですか。(20てん)一《ひと》つ10

水の　中に　［　　　］が　［　　　　　］から。

(2) ――の　じゅんに、ならべましょう。(30てん)

ア　うみの　水を　土に　まく。

イ　しおを　あつめる。

ウ　たいようの　ひかりで　かわかす。

［　　→　　→　　］

こたえは94ページ

やってみよう

シール

＊ つぎの ――の かん字《じ》の よみかたを かこう。

「　　」
① 左右の 手《て》。

「　　」
② 木よう日《び》に あう。

「　　」
③ 四足の くつ。

「　　」
④ キャベツの 千ぎり。

「　　」
⑤ 十わの すずめ。

「　　」
⑥ たのしい お正月。

こたえは94ページ ☞

にっき ①

シール

月　日

とくてん

てん／ごうかく40てん

● よんで こたえましょう。

八月十八日《はちがつじゅうはちにち》（水《すい》よう日《び》）はれ

きょう、おとうさんと 水ぞくかんへ いきました。

ひろい 水そうの 中《なか》を たくさんの さかなが およいで いて、とても きれいでした。

①ぼくの 一《いち》ばんの お気《き》に入《い》りは、ジンベエザメです。大《おお》きな からだで ② に およいで いました。ぼくも いっしょに およいで みたいなと おもいました。

(1) いつの にっきですか。（10てん）

［　　　　］

(2) だれと どこへ いきましたか。（20てん）一《ひと》つ10

だれと［　　　　］

どこへ［　　　　］

(3) ——①は、なんですか。（10てん）

［　　　　］

(4) ② に 入《はい》る ことばを えらびましょう。（10てん）

ア きゅうくつそうに

イ 気もちよさそうに

ウ つかれたように

［　　　　］

こたえは94ページ

やってみよう

シール

✿ つぎの□に かん字《じ》を かこう。

① □《あか》ちゃんの □《ちい》さな 手《て》。

② □《もり》で かぶと□《むし》を つかまえる。

③ □《まち》へ □《で》かける。

④ □《ゆう》やけを □《み》る。

④「ゆうやけ」は、ゆうがたに 空《そら》が あかく みえる ことだよ。

こたえは94ページ

ものがたり ②

シール

月　日

とくてん

てん／ごうかく 40てん

● よんで こたえましょう。

むこうから きつねの 子《こ》が あるいて くるのが 見《み》えます。

「きつねくーん。」

と ①いいかけて、たぬきの 子は すぐに やめました。きのう、きつねの 子と けんかを したからです。そして、②二《に》ひきは ぷいと よこを むいた まま すれちがいました。

でも、いえに かえった 二ひきは、③すっきりしない 気《き》もちに なりました。

(1) ――①のように たぬきの 子が したのは、なぜですか。（20てん）一《ひと》つ10

[　　] と、[　　] を したから。

(2) ――②から どんな ようすが わかりますか。（10てん）

ア こわがって いる。

イ はずかしがって いる。

ウ おこって いる。

[　　]

(3) 二ひきは なぜ ――③の 気もちに なったのですか。（20てん）

[　　] を した かったのに できない ままだったから。

こたえは94ページ

やってみよう

シール

✿ つぎの□に かん字《じ》を かこう。

① □《た》んぼに □《みず》を 入《い》れる。

② □《はやし》の □《なか》を あるく。

③ □《げつ》ようびは、ふりかえ □□《きゅうじつ》だった。

④ □《かい》がらを □《みみ》に あてる。

こたえは94ページ ☞

LESSON 28

生《せい》かつ文《ぶん》①

シール

月　日

とくてん

てん／ごうかく40てん

● よんで　こたえましょう。

きのうの　休《やす》みじかんに、ころんで、ひざを　すりむいて　しまいました。①ぼくが、ないていると、

「だいじょうぶ？」

と、②六年生《ろくねんせい》が　はなしかけて　くれました。そして、ほけんしつまで　つれて　いって　くれました。

ぼくは、やさしくて　すてきな　おにいさん　だなと　おもいました。

(1) いつの　できごとですか。（10てん）

［　　　　］

(2) ①のは、なぜですか。（10てん）

［　　　　］

(3) ②は、ぼくを　どこへ　つれて　いって　くれましたか。（10てん）

［　　　　］

(4) ②を、ぼくは　どんな　おにいさんだと　おもいましたか。（20てん）

［　　　　］おにいさん。

こたえは94ページ

やってみよう

シール

下《した》の 日《ひ》づけの よみかたを ひらがなで かいて、クロスワードを かんせいさせよう。

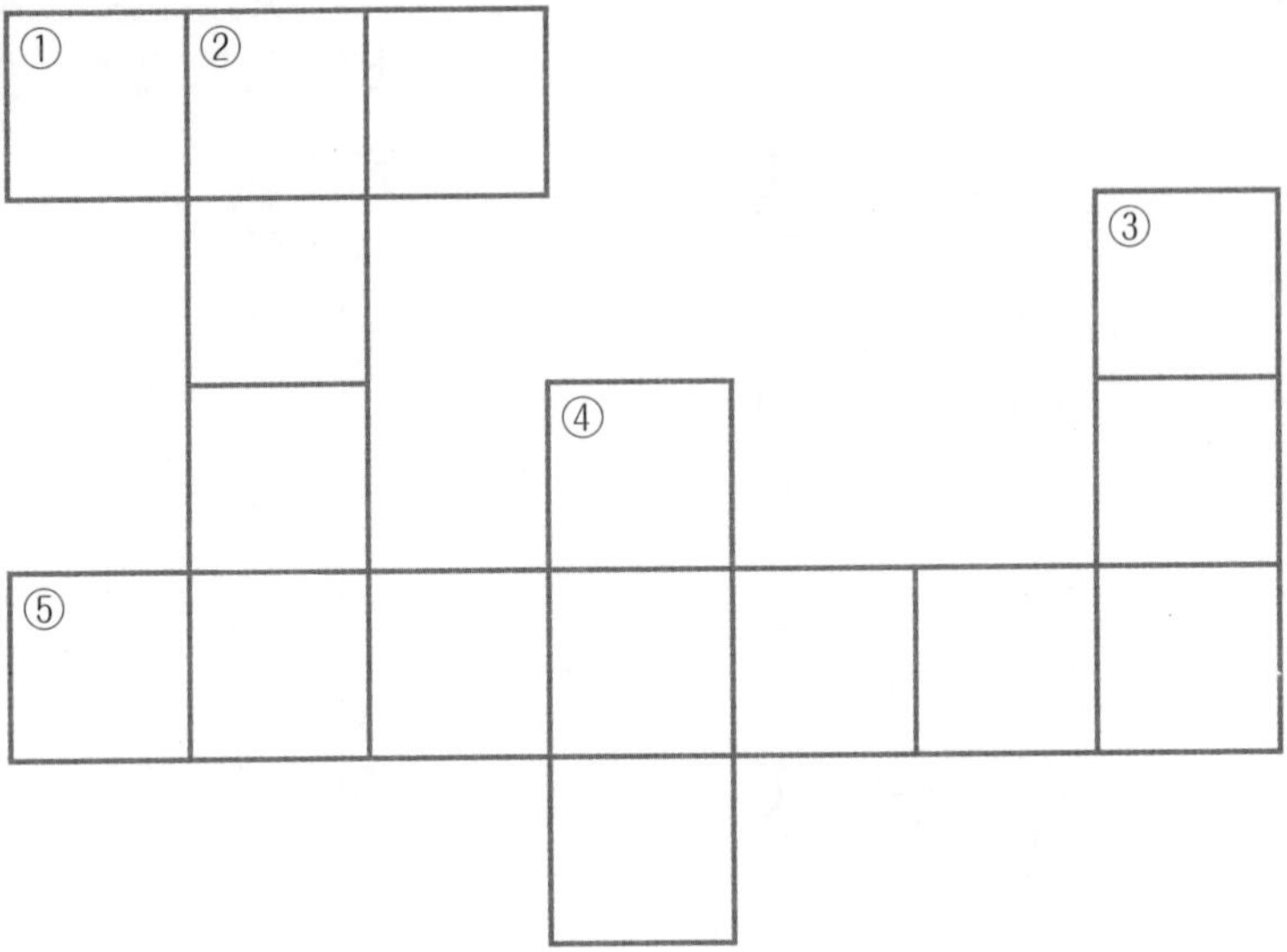

ヨコの かぎ

① 二十日
⑤ 七月七日

タテの かぎ

② 一　日
③ 十　日
④ 二　日

こたえは94ページ

LESSON 29

せつめい文《ぶん》②

シール　月　日　とくてん　てん　ごうかく 40てん

●よんで　こたえましょう。

①しんかんせんは、人《ひと》を　はやく目《もく》てきちへ　はこびます。

その　ために、じそく　三百《さんびゃく》キロもの　スピードが　出《で》るように　なって　います。

②ドクターイエローは、はしりながら　せんろや　せつびを　しらべる　のりものです。

その　ために、けんさに　ひつような　たくさんの　きかいを　のせて　います。

(1) ――①は、どんな　はたらきを　しますか。（20てん）

［　　　　］

(2) ――②は、どんな　はたらきを　しますか。（20てん）

［　　　　］

(3) ――②は、なにを　のせて　いますか。（10てん）

［　　　　］

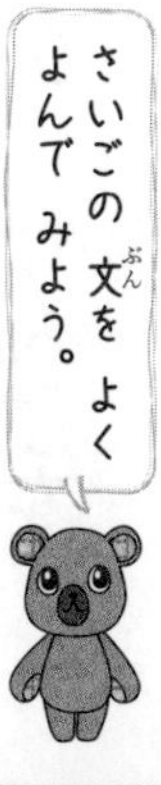

こたえは94ページ

やってみよう

シール

つぎの かん字《じ》を くみあわせて、一《ひと》つの かん字を つくろう。

① 木 木

［　　］

② 十 日

［　　］

③ 白 一

［　　］

④ 口 夕

［　　］

⑤ 日 立

［　　］

⑥ 一 土 月

［　　］

こたえは94ページ ☞

手《て》がみ ①

シール

月　日

とくてん

てん／ごうかく40てん

● よんで　こたえましょう。

おばあちゃんへ
おげん気《き》ですか。わたしは、とても　げん気です。
わたしは、なつ休《やす》み中《ちゅう》　①はたけしごとの　お手《て》つだいを　して　います。水《みず》やりや　草《くさ》むしりは、たいへんだったけど、おいしい　やさいが　たくさん　できました。
こんど　②おばあちゃんの　いえに　はたけで　とれた　やさいを　とどけますね。
八月三日《はちがつみっか》
あかね

(1) あかねさんは、だれに　手がみを　かきましたか。（15てん）

［　　］

(2) ―①で、たいへんな　ことは　なんですか。（20てん）一《ひと》つ10

［　　］［　　］

(3) ―②に、あかねさんは　なにを　とどける　つもりですか。（15てん）

［　　］

こたえは94ページ

やってみよう

シール

上《うえ》の ことばと 下《した》の ことばが はんたいの いみに なるように、——で つなごう。

① 大《おお》きい ・　　・ア かるい

② おおい ・　　・イ すくない

③ つよい ・　　・ウ ちかい

④ おもい ・　　・エ よわい

⑤ とおい ・　　・オ 小《ちい》さい

はんたいの ことばは、
二《ふた》つ セットで
おぼえて しまおう。

こたえは94ページ

LESSON 31

ものがたり ③

シール

月　日

とくてん

てん／ごうかく40てん

●よんで　こたえましょう。

「ごめんねって　いわなきゃ。」

たけるは、ゆうたに　あやまろうと　おもいました。きのう、ゆうたと　けんかを　して　しまったからです。

でも、たけるは　ゆう気《き》が　出《で》なくて、ごめんねと　いえません。

ゆうたは、べつの　ともだちと　たのしそうに　あそんで　います。たけるの　むねは　ちくちくと　いたみました。

(1) たけるは、だれに　あやまろうと　おもいましたか。(10てん)

[　　　　]

(2) たけるが　「ごめんね」と　いえないのは、なぜですか。(20てん)

[　　　　]

(3) ――の　たけるは、どんな　気もちですか。(20てん)

ア　くるしい

イ　たのしい

ウ　わからない

[　　]

こたえは95ページ

やってみよう

シール

✽ つぎの かん字《じ》の いちばん はじめに かく ところを なぞろう。

① 七

② 女

③ 山

④ 右

⑤ 出

⑥ 左

こたえは95ページ ☞

し ②

シール

月　日

とくてん

てん　ごうかく 40てん

● よんで　こたえましょう。

あいさつ

「おはよう」①で
目《め》が　さめて
「いってきます」で
気《き》あいが　入《はい》る
「ありがとう」②で
うれしく　なって
「ごめんなさい」で
なかなおり
「またね」で
また　きみに
あいたく　なる

---

(1) いくつの　あいさつが　かいて　ありますか。かん字《じ》で　かきましょう。（10てん）

［　　　　］つ

(2) ――①の　あいさつで、どう　なりますか。（10てん）

［　　　　　　　　］

(3) 気あいが　入る　あいさつは　なんですか。（10てん）

［　　　　　　　　］

(4) ――②の　あいさつで、どんな　気もちに　なりますか。（20てん）

［　　　　　　　　］気もち。

こたえは95ページ ☞

やってみよう

シール

✿つぎの　いろの　ついた　ところは、なんかく目《め》に　かきますか。かん字《じ》で　かずを　こたえよう。

①
九
〔　　〕かく目

②
耳
〔　　〕かく目

③
玉
〔　　〕かく目

④
気
〔　　〕かく目

⑤
赤
〔　　〕かく目

⑥
車
〔　　〕かく目

こたえは95ページ ☞

せつめい文《ぶん》③

シール

月　日

とくてん

てん／ごうかく40てん

●よんで　こたえましょう。

とんぼは、水《みず》の　中《なか》に　たまごをうみます。その　たまごからうまれた　とんぼの　子《こ》どもをやごと　いいます。

やごは、水の　中で　くらしています。そこに　いる　小《ちい》さな生《い》きものを　たべて、＊だっぴをくりかえしながら　大《おお》きく　なって　いきます。

そして　さいごの　だっぴをすると、はねの　ついた　とんぼに　なります。

＊だっぴ＝ふるい　かわを　ぬぐ　こと。

(1)――は、なんですか。（10てん）

［　　　］

(2)――は、どこで　くらして　いますか。（10てん）

［　　　］

(3)――は、なにを　たべて　大きくなりますか。（10てん）

［　　　］

(4)――は、大きく　なると、なにになりますか。（20てん）

［　　　］

こたえは95ページ

やってみよう

シール

✿ つぎの かん字《じ》は なんかくで かきますか。
かん字で かずを こたえよう。

① 四 〔　　〕かく

② 水 〔　　〕かく

③ 正 〔　　〕かく

④ 足 〔　　〕かく

⑤ 金 〔　　〕かく

⑥ 青 〔　　〕かく

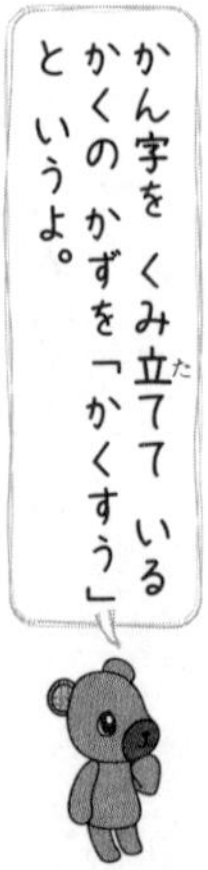
かん字を くみ立《た》てて いる かくの かずを「かくすう」と いうよ。

こたえは95ページ

にっき ②

シール　月　日　とくてん　てん　ごうかく40てん

●よんで こたえましょう。

①七月三日《しちがつみっか》（水《すい》よう日《び》）はれ
きょう、いえの にわで、②あ
りを 見《み》つけました。ありは、
なかまと ひげを つつきあって
いました。
[③]、④おじいちゃんが
「ありは、ひげで おはなしして
いるんだよ。」
と、おしえて くれました。
ぼくは、「おいしい えさが
あるよ。」と はなして いるの
かなと おもいました。

(1) ――①は、どんな 天気《てんき》でしたか。（10てん）

[　　　　]

(2) ――②を どこで 見つけましたか。（10てん）

[　　　　]

(3) [③]に入《はい》る ことばを えらびましょう。（10てん）

ア つまり　イ しかし　ウ すると

[　　]

(4) ――④は、なにを おしえて くれましたか。（20てん）

ありが、ひげで [　　　　] こと。

こたえは95ページ

やってみよう

シール

✿ つぎの ――の かん字の よみかたを かこう。

①［　　］草げんで あそぶ。

②［　　］出口を さがす。

③［　　］火山が おおい。

④［　　］一つの 花《はな》。

⑤［　　］文字を かく。

⑥［　　］年が あける。

こたえは95ページ ☞

ものがたり ④

シール

月　日

とくてん

てん　ごうかく 40てん

●よんで　こたえましょう。

ある　ふゆの　日《ひ》、①小《ちい》さな　女《おんな》の子《こ》が　きました。

「ひまわりを　ください。」

②花《はな》やさんは、こまりました。

ひまわりは、なつの　お花です。

「おかあさんの　大《だい》すきな　お花を　あげたかったのに……。」

花やさんは、なんとか　して　あげたいと　おもいました。

③「これ、あげるわ。」

それは、ひまわりの　たねで　した。

(1) おはなしの　きせつは、いつですか。(10てん)

「　　」

(2) ――①は、なにを　かいに　きましたか。(10てん)

「　　」

(3) ――②で、花やさんが　こまったのは、なぜですか。(20てん)

「　　」

(4) 花やさんは、なぜ　――③と　いったのですか。(10てん)

「　　」と、やがて　ひまわりが　さくと　かんがえたから。

こたえは95ページ

やってみよう

シール

つぎの□に かん字《じ》を かこう。

① 山《やま》あいの □《むら》に すむ □《ひと》たち。

② □《き》の □《した》で ひと休《やす》みする。

③ たこの □《あし》は、□□《はちほん》だ。

④ □□《しんりん》の □□《くうき》を すう。

こたえは95ページ

生《せい》かつ文《ぶん》②

シール

月　日

とくてん

てん／ごうかく 40てん

● よんで こたえましょう。

うんどうかいの 日《ひ》は、①あさから どきどきして いました。リレーの せん手《しゅ》に えらばれていたからです。

②リレーの じかんが ちかづいて くると、どきどきが もっと つよく なりました。でも、わたしの ばんに なった ときは、いっしょうけんめい はしりました。③はしり おわると、とても すっきりした 気《き》もちに なりました。

(1) いつの 日の ことを かいて いますか。（10てん）

「　　」

(2) ―①と あるのは、なぜですか。（15てん）

「　　」

(3) ―②の とき、どきどきは どう なりましたか。（15てん）

「　　」

(4) ―③の とき、わたしは どんな 気もちでしたか。（10てん）

「　　」

こたえは95ページ

やってみよう

シール

✱ つぎの □ に かんじを かこう。

① ビー□《だま》が □《むっ》つ ある。

② □《ただ》しい □□《もじ》を かく。

③ □《おう》さまが せきを □《た》つ。

④ □□《ふたり》で □□《げこう》する。

こたえは95ページ

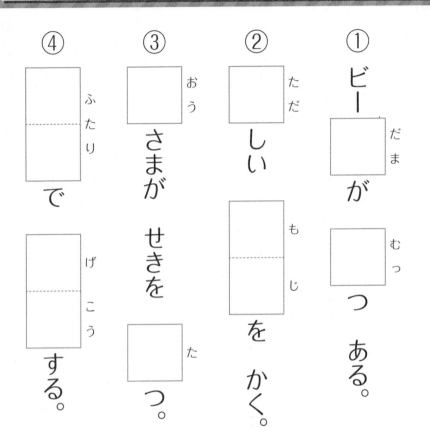

せつめい文《ぶん》④

シール

月　日

とくてん

てん／ごうかく 40てん

●よんで こたえましょう。

①あめんぼは、水《みず》の 上《うえ》を あるく ことが できます。それは、なぜでしょうか。

まず、からだが とても かるいからです。

そして、水に ぬれない 足《あし》を もって いるからです。

②あめんぼの 足の 先《さき》には、こまかい けが 生《は》えて います。この けが 水を はじくので、あめんぼは 水に しずまないのです。

(1) ――①は、どこを あるく ことが できますか。（10てん）

[　　　　]

(2) ――①が (1)を あるく ことが できるのは、なぜですか。（30てん）一《ひと》つ15

・からだが [　　　　]から。

・[　　　　] を もって いるから。

(3) ――②には、なにが 生えて いますか。（10てん）

[　　　　]

こたえは95ページ☞

やってみよう

シール

✱つぎの □ に かん字《じ》を 入《い》れて、四《よっ》つの ことばを つくろう。

①

入 → □
見 → □ → 校
□ → 力

②

川 → □
上 → □ → 手
□ → 校

③

正 → □
三 → □ → 見
□ → 日

こたえは95ページ

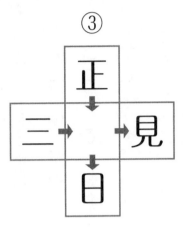

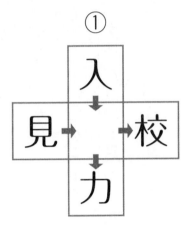

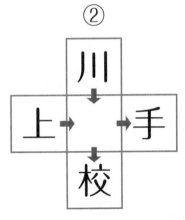

手《て》がみ ②

シール

月 日

とくてん

てん／ごうかく40てん

● よんで こたえましょう。

ちょうりいんさんへ
いつも きゅうしょくを つくって くださって、［①］。
②ぼくは、きゅうしょくの じかんが まい日《にち》 たのしみです。
それは、きゅうしょくが とても おいしいからです。とくに やきそばが 大《だい》すきです。

これからも おいしい きゅうしょくを つくって ください。

ぼくも のこさずに たべます。

十月三日《じゅうがつみっか》
山田《やまだ》たかひろ

(1) だれが だれに かいた 手《て》がみですか。（20てん）一《ひと》つ10

だれが［ ］

だれに［ ］

(2) ［①］に 入《はい》る ことばは なんですか。（15てん）

ア よろしく おねがいします

イ ありがとうございます

ウ ごめんなさい

［ ］

(3) ――②と ありますが、それは なぜですか。（15てん）

［ ］

こたえは95ページ

やってみよう

シール

下《した》の　もんだいの　こたえを　ひらがなで　かいて、
クロスワードを　かんせいさせよう。

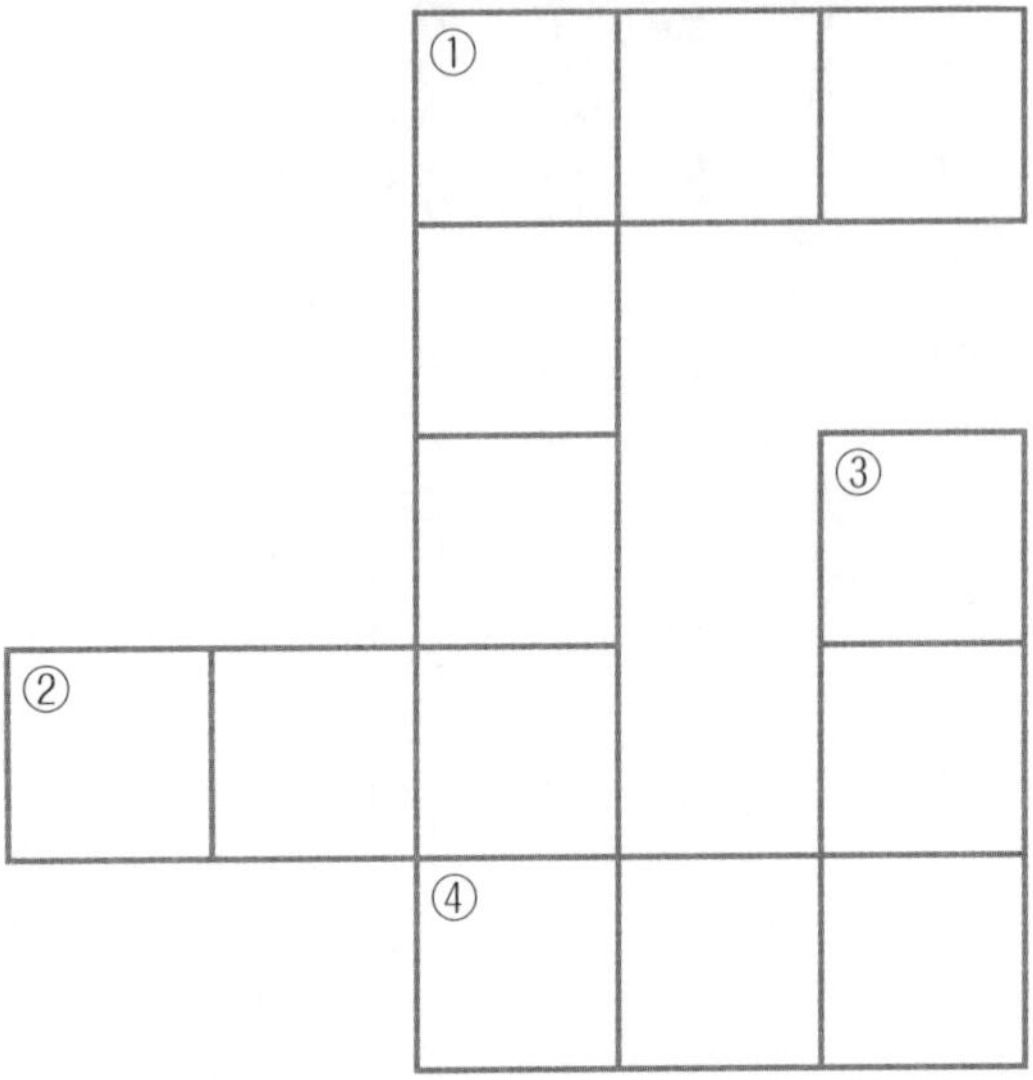

ヨコの　かぎ

①「きょう」の　つぎの　日《ひ》。
②「あめ・せんべい・ケーキ」などを
まとめた　よびかた。
④「五日」の　よみかた。

タテの　かぎ

①「ふるい」の　はんたいの　ことば。
③「八日」の　よみかた。

こたえは95ページ

ものがたり ⑤

シール

月　日

とくてん

てん／ごうかく 40てん

●よんで　こたえましょう。

「おかあさん、いないの？　いっしょに　さがそうか。」

ないて　いた　男《おとこ》の子《こ》が、ぼくの　手《て》を　にぎりました。

「おにいちゃん、ありがとう。」

ぼくは　びっくりしました。三人《さんにん》きょうだいの　すえっ子で、「おにいちゃん」なんて　よばれた　ことが　なかったからです。

でも、すぐに　くすぐったい　気《き》もちに　かわって　いきました。

(1) だれが　ないて　いましたか。（10てん）

[　　　　]

(2) ――と　いわれて、はじめは　どんな　気もちでしたか。（15てん）

[　　　　]気もち。

(3) (2)のような　気もちに　なったのは、なぜですか。（15てん）

[　　　　]

(4) (2)の　あと、どんな　気もちに　かわりましたか。（10てん）

[　　　　]気もち。

こたえは96ページ☞

シール

やってみよう

おくりがなの 正《ただ》しい ほうの きごうを えらぼう。

① おりる ［ア 下りる イ 下る］

② あげる ［ア 上げる イ 上る］

③ みえる ［ア 見える イ 見る］

④ いれる ［ア 入れる イ 入る］

⑤ うまれる ［ア 生れる イ 生まれる］

こたえは96ページ

LESSON 40

し ③

シール

月　日

とくてん

てん／ごうかく 40てん

● よんで　こたえましょう。

じかん

①たのしい　じかんは
とっても　みじかい
つまらない　じかんは
すごく　②ながい
ねて　いる　じかんは
とまってる
じかんは
こころの　中《なか》に
すんで　いる
生《い》きもの　みたい

(1) いくつの　じかんが　かいて　ありますか。かん字《じ》で　かきましょう。(10てん)

［　　］つ

(2) ――①・②の　はんたいの　ことばを　しの　中から　さがしましょう。(20てん)一《ひと》つ10

①［　　］

②［　　］

(3) じかんは　なにみたいだと　いって　いますか。(20てん)

［　　］

こたえは96ページ

やってみよう

シール

✿ つぎの ——を かん字《じ》と おくりがなで かこう。

① 目《め》を やすめる。 [　　　]

② いえを あける。 [　　　]

③ かんばんを たてる。 [　　　]

④ しせいを ただす。 [　　　]

⑤ かん字を まなぶ。 [　　　]

⑥ お金《かね》が たりない。 [　　　]

こたえは96ページ ☞

せつめい文《ぶん》⑤

シール

月　日

とくてん

てん　ごうかく40てん

●よんで　こたえましょう。

しょくぶつは、うごく　ことが　できません。しかし、なかまを　ふやす　ために、①たねを　とおくへ　はこびたいのです。その　ため、いろいろな　ほうほうで　たねを　はこびます。

たとえば、たんぽぽは、わたげを　かぜに　はこんで　もらいます。

②おなもみは、人《ひと》の　ふくや　どうぶつの　からだに　くっついて　はこんで　もらうのです。

(1) ――①と　あるのは、なぜですか。(10てん)

［　　　　］ため。

(2) れいに　あげて　いる　しょくぶつを　二《ふた》つ　かきましょう。(20てん)一《ひと》つ10

［　　　　］［　　　　］

(3) ――②は、なにに　くっついて　たねを　はこんで　もらいますか。二つ　かきましょう。(20てん)一つ10

［　　　　］［　　　　］

こたえは96ページ

やってみよう

シール

✱ つぎの ――を かん字《じ》と おくりがなで かこう。

① 川《かわ》を のぼる。 [　　]

② 雨《あめ》が あがる。 [　　]

③ あたまを さげる。 [　　]

④ さかを くだる。 [　　]

⑤ ちいさい 花《はな》。 [　　]

⑥ つよく いきる。 [　　]

こたえは96ページ

手《て》がみ ③

シール

月　日

とくてん

てん　ごうかく 40てん

● よんで こたえましょう。

おとうさん おかあさんへ
九月《くがつ》二十四日《にじゅうよっか》（土《ど》よう日《び》）の
九じから 小学校《しょうがっこう》で うんどう
かいが あります。
わたしは、五十《ごじゅう》メートルそう
と つなひき、リレーの 三《みっ》つに
出《で》ます。
リレーの せん手《しゅ》に えらばれ
たので、いっしょうけんめい は
しります。
ぜひ、見《み》に きて ください。
九月二十日《はつか》
小山《こやま》るり

(1) ――に なにが ありますか。（10てん）

［　　　］

(2) (1)は なんじから はじまりますか。（10てん）

［　　　］

(3) わたしが 出る しゅもくを すべて かきましょう。（30てん）

［　　　］

手《て》がみの まん中《なか》の ぶぶんに 出る しゅもくに ついて かいて いるね。

こたえは96ページ

やってみよう

シール

□に 入《はい》る ことばを、「は・を・へ」から えらんで かこう。

① わたし□、ねこが すきです。

② ぼくは、おにぎり□ たべました。

③ べんとう□ もって、山《やま》□ いきました。

④ 先生《せんせい》□、花《はな》の たね□ うえました。

⑤ えき□ ちち□ むかえに いきます。

「は・を・へ」を 入《い》れて、こえに 出《だ》して よんで みよう。

こたえは96ページ

LESSON 43 ものがたり ⑥

シール

月　日

とくてん

てん／ごうかく35てん

● よんで　こたえましょう。

「そうま、また　いもうとと　いっしょだ。」

あきとに　いわれて、そうまは、①かおが　まっ赤《か》に　なりました。

②「えみは、ついて　こないで。あきとと　あそぶんだから。」

と　どなりごえで　いうと、えみは　なきそうな　かおを　しました。えみの　かおを　見《み》た　そうまは、③むねが　ぎゅっと　くるしく　なりました。

(1) ——①の　とき、そうまは　どんな　気《き》もちでしたか。（15てん）

ア　うれしい　イ　くやしい　ウ　はずかしい

［　　］

(2) ——②と　いわれた　えみは、どんな　ようすでしたか。（20てん）

［　　　　　　］ようす。

(3) ——③の　とき、そうまは　どんな　気もちでしたか。（15てん）

ア　ごめんね

イ　ありがとう

ウ　めんどうだな

［　　］

こたえは96ページ☞

やってみよう

シール

✿ つぎの ――の かん字《じ》の よみかたを かこう。

① こうじょう見学。 [　　]

② きゅうきゅう車。 [　　]

③ 天の川《がわ》。 [　　]

④ 九月の りょこう。 [　　]

⑤ 川下へ あるく。 [　　]

⑥ ちかくに 竹林が ある。 [　　]

こたえは96ページ ☞

し ④

シール

月　日

とくてん

てん／ごうかく 40てん

●よんで　こたえましょう。

こころの　天気《てんき》

①きのうは
くもりの　日《ひ》
どんより　なやむ

きょうは
あめの　日
［②］　ないた

あしたは　きっと
はれの　日
にこにこ　わらえる

(1)いくつの　天気が　かいて　あり　ますか。かん字《じ》で　かきましょ　う。(10てん)

［　　　］つ

(2)——①は、どんな　天気でしたか。(10てん)

［　　　］

(3)［②］に　入《はい》る　ことばを　えらびましょう。(10てん)

ア　いらいら　イ　しくしく
ウ　どきどき

［　　　］

(4)この　しは、なにを　天気に　たとえて　いますか。(20てん)

［　　　］

こたえは96ページ

やってみよう

シール

つぎの □ に かん字《じ》を かこう。

① かぜを ひいて、□□《がっこう》を □《やす》む。

② □《くさ》が □《は》える。

③ □《だい》すきな □《おん》がくを きく。

④ さいふから □□《ひゃくえん》を □《だ》す。

こたえは96ページ

LESSON 45

せつめい文《ぶん》 ⑥

シール

月　日

とくてん

てん　ごうかく 40てん

●よんで　こたえましょう。

れんこんに　あながあいて　いるのは、なぜでしょう。

れんこんは、水《みず》の　そこの　どろの　中《なか》で　そだちます。しかし、どろの　中は、とても　空気《くうき》が　すくないのです。その　ため、れんこんは、水の　上《うえ》に　はを　出《だ》して、はに　ある　たくさんの　小《ち》さな　あなから　空気を　すいます。

れんこんの　あなは、はから　空気を　おくる　ための　とおりみちなのです。

(1) れんこんは、どこで　そだちますか。(10てん)

[　　　　]

(2) れんこんは、どこから　空気を　すって　いますか。(10てん)

[　　　　]

(3) れんこんは、なぜ　はから　空気を　すうのですか。(20てん)

[　　　　]

(4) この　文《ぶん》しょうは、なにに　ついて　かいて　ありますか。(10てん)

[　　　　]

こたえは96ページ ☞

やってみよう

シール

✿ つぎの □ に かん字《じ》を かこう。

① □《しがつ》から □《にねんせい》だ。

② あには、□《たけ》うまの □《めいじん》だ。

③ □《きん》いろの □《いと》で ぬう。

④ □《さき》に レストランに □《はい》る。

こたえは96ページ

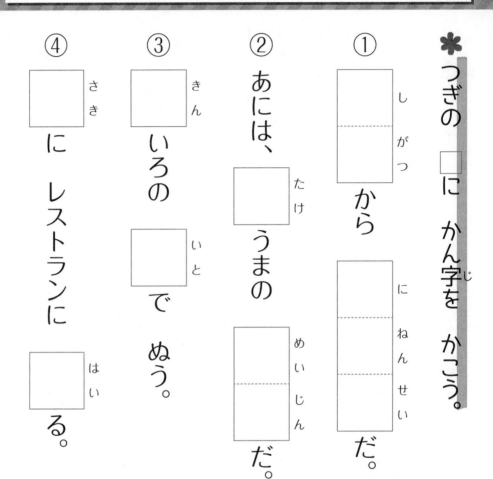

こたえ
読解力1年

まちがえたところは，もういちど見《み》なおそう！

① ひょうげんを　よみとる①

(1)イ　(2)ア　(3)ウ

アドバイス (1)「どんより」は、「空が曇って重苦しく感じる様子」です。

「やってみよう」のこたえ

①とけい
②こおり
③ぼうし
④ねずみ
⑤ひつじ

② ひょうげんを　よみとる②

(1)(例)うごかない　(2)ウ

(3)ぐいぐい(と)

アドバイス (1)「びくとも　しません」は、「少しも動かない様子」です。

①わ・は
②お・へ
③え・を
④は・を
⑤え・へ

③ ばめんを　よみとる①

(1)かえるくん

(2)六月の　雨ふりの　日

(3)あじさいの　下

(4)イ

アドバイス (4)かたつむりくんとかえるくんの会話に注目します。

①エ　②オ　③ア
④ウ　⑤イ

④ ばめんを　よみとる②

(1)かにの　おや子

(2)なつの　よく　はれた　日

(3)すなはま

(4)イ

アドバイス (4)最後の一文に「白くて　大きな　もの」の正体が書かれています。

①やさい　②くだもの
③のりもの　④どうぶつ
⑤がっき

⑤ はなしの　すじ①

(1)(いっ)たん生日の　あさ
(なにが)手がみ

(2)くまさんの　いえ　(3)イ

アドバイス (2)は「はじめは」、(3)は「つぎは」という順序を表す言葉に着目します。

①この　②どの
③あの　④その

⑥ はなしの　すじ②

(1)木の　下

(2)かもめの　子

(3)(ものしりな)　ふくろう
(の　ところ)

(4)かもめたちを　よく　うみの　そばで　見かけていたから。

アドバイス (2)「かもめの　子だね」という、ふくろうの言葉に注目します。

①ろく　②ようか　③な
④つき　⑤みっか　⑥すい

⑦ わだいを よみとる ①

(1)むかしから

(2)ほうき・四だんばしご （順不同）

(3)ウ

アドバイス (1)はじめの一文に書かれています。

①川・小石 ②手・土

③大・口 ④青・空

⑧ わだいを よみとる ②

(1)年りん

(2)(例)一年に 一本ずつ ふえて いく。

(3)(その) 木の 年れい

(4)ア

アドバイス (1)「これを 年りんと いいます」の「これ」は、「わのような もよう」を指します。

①犬・五 ②花火・上

③先生・文 ④雨・音

⑨ せつめいの じゅんじょ ①

(1)かくれんぼの あそびかた (2)エ→ア→ウ→イ

アドバイス (1)はじめの一文に着目します。「かくれんぼ」ではなく「かくれんぼの あそびかた」の説明であることをおさえます。

①ひよこ ②にわとり

③きゅうきゅうしゃ

④めがね

⑩ せつめいの じゅんじょ ②

(1)木の み (2)ア→ウ→イ

(3)りっぱな 木

アドバイス (2)「つぎに」「そして」に注目します。

	①い	っ	て	き	ま	す
	た					
②た	だ	い	ま			
	き					
	ま					
	③す	み	ま	せ	ん	

⑪ まとめテスト ①

(1)おかあさん

(2)ゆうびんきょく

(3)(一まいの) はがき

(4)おまわりさん

アドバイス (2)「さいしょに」という言葉に注目します。

①エ ②オ ③イ

④ア ⑤ウ

⑫ まとめテスト ②

(1)ふゆの あいだ

(2)ウ→イ→ア

(3)とうみん

アドバイス (3)かえるが冬の間、土の中で眠ること、つまり「冬眠」について書かれていることを読み取ります。

①さく ②ねる

③およぐ

④ひかる

⑤うたう

⑬ 気もちを よみとる ①

(1)ウ

(2)(だれが)(となりの せきの) えりちゃん

(なにを)けしゴム

(3)(とても) うれしい

アドバイス (1)あきらが「どきっと」したのは、けしゴムを忘れたことに気がついて、困ったからです。

①ウ ②オ ③イ

④ア ⑤エ

⑭ 気もちを よみとる ②

(1)ウ

(2)(ますます) がっかり

(3)ア

アドバイス (3)まみさんは、芽が出ていることに気がつき、うれしくて思わず大きな声を出したのです。

①イ ②エ ③オ

④ア ⑤ウ

⑮ 気もちを よみとる ③

(1)ウ
(2)大あわて
(3)ア

アドバイス (1)「そわそわして」は、ピアノが届くのを今か今かと待つ、ゆいちゃんの落ち着かない様子を表しています。

①ア ②ア ③イ
④イ ⑤イ

⑯ 気もちを よみとる ④

(1)ア
(2)(例)(おもいきって) トマトを たべた。
(3)(例)にがてだった・おいしかった

アドバイス (1)けんたはトマトが苦手だったので、返事に困ったことを読み取ります。

①にゅうがく ②ど
③しちごさん ④ここの
⑤まる ⑥かね

⑰ りゆうを おさえる ①

(1)カンガルー
(2)(例)赤ちゃんを そだてる
(3)おっぱい
(4)小ゆびの 先ほど

アドバイス (2)——①の前に「ため(の)」とあるので、理由が書かれています。

①天気・一日 ②早・目
③山・上 ④力・男

⑱ りゆうを おさえる ②

(1)(ねこは) せなかを まるめて、けを さかだてる。・(ふぐは) おなかを大きく ふくらませる。
(2)(じぶんの) からだ・大きく・おどろかせる
(3)ウ

①白・車 ②本・七
③右・左 ④女・子

⑲ りゆうを おさえる ③

(1)せつぶん(の 日) (2)まめまき (3)おに(の しわざ)
(4)おに・おいはらう

アドバイス (4)豆をまくのは、わざわいを引き起こす「おに」を「おいはらう」ためです。

①たぬき ②いか
③てんぷら ④おまわりさん

⑳ りゆうを おさえる ④

(1)(どこに)のど (なにを)なきぶくろ
(2)(けっこんする あい手の) めす・よびよせる
(3)空気・すいこみ

			①い	っ	と	う
	②ご		ち			
	ほ		だ			
③さ	ん	ま	い			

㉑ まとめテスト ③

(1)かみなり(の 音)
(2)イ
(3)ほっと

アドバイス (2)「こわいのを がまんして」から、こうたの本当の気持ちがわかります。

①オ ②ウ ③ア
④イ ⑤エ

㉒ まとめテスト ④

(1)(なつ)ちゃいろ (ふゆ)白(いろ)
(2)(例)てきの 目から のがれる
(3)(例)ゆきに まぎれる

アドバイス (3)——②の直前に理由が書かれています。

①くるくる
②すいすい
③すやすや
④きらきら
⑤そよそよ

㉓ ものがたり ①

(1) 小川
(2) だいじそうに
(3) ほたる
(4) イ

アドバイス (4)――②の直後の文の「うっとりと」から、光る蛍に見とれているくまの子の様子がわかります。

① ア ② イ ③ ア
④ ア ⑤ ア

㉔ し ①

(1) はる
(2) イ
(3) ねむそうな

アドバイス (2)春になり、つくしが土から顔を出す様子を表しています。

① イ ② ア ③ ア
④ イ ⑤ ア

㉕ せつめい文 ①

(1) しお・とけて いる
(2) ア→ウ→イ

アドバイス (1)「～(だ)から」という理由を表す言葉を文章中から探します。

① さゆう ② もく
③ よんそく ④ せん
⑤ じゅう ⑥ しょうがつ

㉖ にっき ①

(1) 八月十八日(水よう日)
(2) (だれと)おとうさん
(どこへ)水ぞくかん
(3) ジンベエザメ (4) イ

アドバイス (1)「いつ」と問われているので、日付を表す言葉を探します。

① 赤・小
② 森・虫
③ 町・出
④ 夕・見

㉗ ものがたり ②

(1) (きのう、)きつねの 子・けんか
(2) ウ (3) (例)なかなおり

アドバイス (2)お互いに顔を合わせない様子から、二匹がおこっていることがわかります。

① 田・水 ② 林・中
③ 月・休日 ④ 貝・耳

㉘ 生かつ文 ①

(1) きのうの 休みじかん
(2) (例)(ころんで、)ひざをすりむいたから。
(3) ほけんしつ
(4) (例)やさしくて すてきな

①は	②つ	か				
	い					③と
	た		④ふ			お
⑤し	ち	が	つ	な	の	か
			か			

㉙ せつめい文 ②

(1) (例)人を はやく 目てきちへ はこぶ。
(2) (例)(はしりながら) せんろや せつびを しらべる。
(3) (例)けんさに ひつような たくさんの きかい

① 林 ② 早 ③ 百
④ 名 ⑤ 音 ⑥ 青

㉚ 手がみ ①

(1) おばあちゃん
(2) 水やり・草むしり(順不同)
(3) はたけで とれた やさい

アドバイス (1)手紙の書き出しに「おばあちゃんへ」とあることに着目します。

① オ ② イ ③ エ
④ ア ⑤ ウ

㉛ ものがたり③

(1)ゆうた
(2)(例)ゆう気が　出ないから。
(3)ア

アドバイス (3)謝りたいのに謝ることができない、苦しい気持ちを読み取ります。

①七　②女
③山　④右
⑤出　⑥左

㉜ し②

(1)五(つ)　(2)目が　さめる
(3)いってきます
(4)うれしい

アドバイス (1)「おはよう」「いってきます」「ありがとう」「ごめんなさい」「またね」の五つのあいさつが書かれています。

①一　②二
③三　④五
⑤四　⑥七

㉝ せつめい文③

(1)やご
(2)水の中
(3)水の　中に　いる　小さな　生きもの
(4)(はねの　ついた)　とんぼ

アドバイス (3)「そこ」を「水の中」におきかえて答えます。

①五　②四
③五　④七
⑤八　⑥八

㉞ にっき②

(1)はれ
(2)いえの　にわ
(3)ウ
(4)(例)おはなしして　いる

①そう　②でぐち
③かざん　④ひと
⑤もじ　⑥とし

㉟ ものがたり④

(1)ふゆ　(2)ひまわり
(3)(例)ひまわりは、なつのお花だから。
(4)(例)たねを　まく

アドバイス (3)冬で、夏の花であるひまわりがお店になかったので、花屋さんはこまったのです。

①村・人　②木・下
③足・八本　④森林・空気

㊱ 生かつ文②

(1)うんどうかい(の　日)
(2)(例)リレーの　せん手にえらばれて　いたから。
(3)(例)もっと　つよくなった。
(4)(とても)　すっきりした気もち。

アドバイス (2)理由を問われているので、「〜から」と答えます。

①玉・六　②正・文字
③王・立　④二人・下校

㊲ せつめい文④

(1)水の　上
(2)とても　かるい・水にぬれない　足
(3)こまかい　け

アドバイス (2)あめんぼが水の上を歩くことができる理由が二つ書かれています。

①学　②下　③月

㊳ 手がみ②

(1)(だれが)山田たかひろ
(だれに)ちょうりいんさん
(2)イ
(3)(例)きゅうしょくが　とても　おいしいから。

アドバイス (2)お礼の手紙であることから考えます。

		①あ	し	た
		た		
		ら		③よ
②お	か	し		う
		④い	つ	か

㊴ものがたり⑤

(1)男の子　(2)びっくりした

(3)(例)「おにいちゃん」と よばれた　ことが　なかったから。

(4)くすぐったい

アドバイス (4)「くすぐったい気もち」とは、「うれしさと恥ずかしさが入り混じった気持ち」です。

①ア　②ア　③ア　④ア

⑤イ

㊵し③

(1)三(つ)

(2)①つまらない

②みじかい

(3)(例)こころの　中に　すんで　いる　生きもの

①休める　②空ける

③立てる　④正す

⑤学ぶ　⑥足りない

㊶せつめい文⑤

(1)(例)なかまを　ふやす

(2)たんぽぽ・おなもみ(順不同)

(3)人の　ふく・どうぶつの　からだ(順不同)

アドバイス (1)――①の直前に「ため(に)」という言葉があるので、その前に理由が書かれています。

①上る　②上がる

③下げる　④下る

⑤小さい　⑥生きる

㊷手がみ③

(1)うんどうかい

(2)九じ

(3)五十メートルそう・つなひき・リレー(順不同)

①は　②を

③を・へ

④は・を

⑤へ・を

㊸ものがたり⑥

(1)ウ

(2)(例)なきそうな

(3)ア

アドバイス (1)あきとにからかわれて、そうまは恥ずかしくなったのです。

①けんがく　②しゃ

③あま　④くがつ

⑤かわしも

⑥ちくりん(たけばやし)

㊹し④

(1)三(つ)

(2)くもり　(3)イ

(4)こころ(気もち)

アドバイス (3)②の下に「ないた」とあるので、泣く様子を表す言葉を選びます。(4)「こころの　天気」という題名から考えます。

①学校・休　②草・生

③大・音　④百円・出

㊺せつめい文⑥

(1)水の　そこの　どろの　中

(2)はに　ある　たくさんの　小さな　あな

(3)(例)どろの　中は、とても　空気が　すくないから。

(4)(例)れんこんの　あな

アドバイス (3)「その　ため」という言葉の前に理由が書かれています。(4)「れんこん」ではなく、「れんこんの　あな」について書かれていることをおさえます。

①四月・二年生

②竹・名人

③金・糸

④先・入